STEFFEN BOISELLE

100% PÄLZER!

Des Allabeschde aus 15 Johr

AGIRO

Steffen Boiselle, geboren 1964 in Ludwigshafen – Oggersheim, zeichnete schon während seiner Schulzeit Comics, ist seit 1985 Verleger und war außerdem 14 Jahre als Außendienstmitarbeiter für den Hamburger Carlsen Verlag tätig.

Seine Cartoon-Reihe „100% PÄLZER!" erscheint seit 2007 wöchentlich in der RHEINPFALZ AM SONNTAG.
Steffen Boiselle lebt mit seiner Frau in Neustadt an der Weinstraße und liebt das schöne Leben in der Pfalz.

AGIRO

Steffen Boiselle & Clemens Ellert
Sauterstr. 36, 67433 Neustadt a. d. Weinstraße
Fon: 06321-489343, Fax: 06321-489345
Mail: info@agiro.de

Satz & Layout: Jennifer Ehrismann-Purper
Umschlag: Steffen Boiselle / Clemens Ellert

ISBN 978-3-946587-63-7

Weitere Informationen unter:
facebook.com/agiroverlag
www.agiro.de

PÄLZER SCHORLE

Gebrauchsanweisung

① **Vier Finger breit Wein**

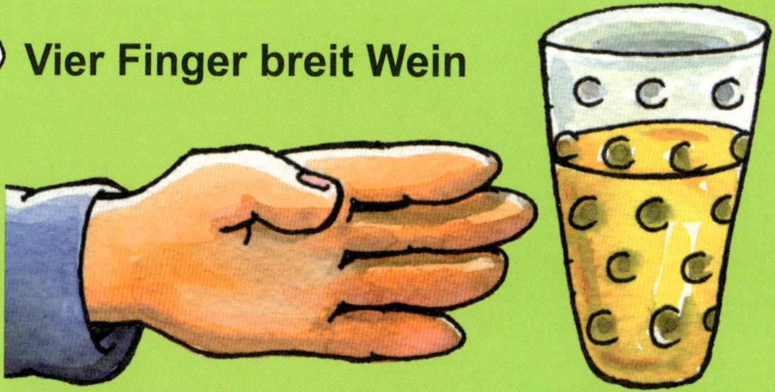

② **Hand um 90° drehen:**

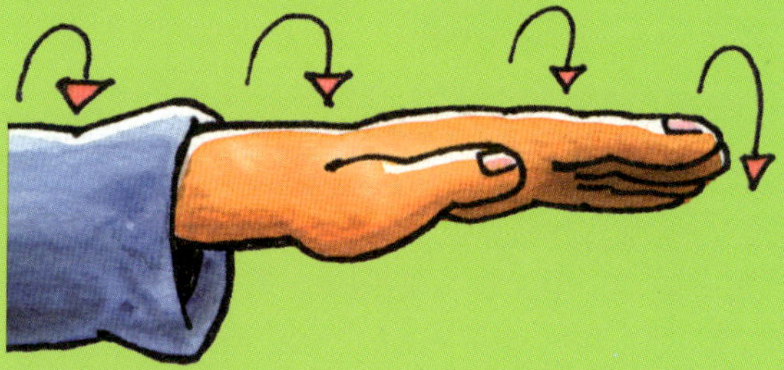

③ **Vier Finger breit Wasser**

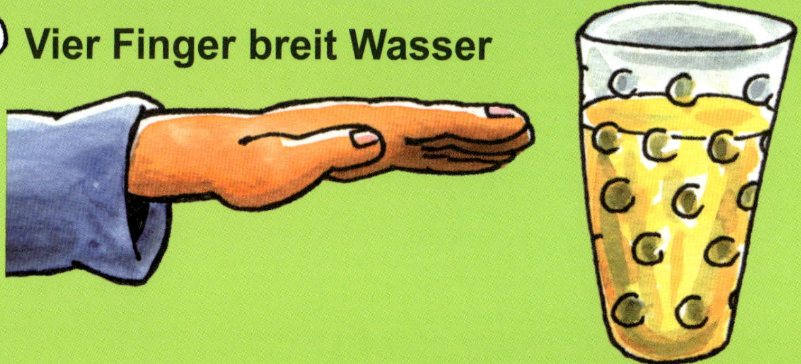

Unn, Schorsch, hoschd dir fers neie Johr ebbes vorgenumme?
Mol die Regale leer mache.
Des hätt isch vun dir jetzt nedd gedenkt!
BOISELLE 940

Fraa! Isch hab Eisbää!
Joo, dann gebd´s dodezu des Sauerkraud vun geschdern.
BOISELLE 445

Ein Achtel Riesling, bitte ...
Schluggimpfung kriggscht beim Doggder!
Schoppe-Woch!
Heit: Riesling
BOISELLE 502

Pfälzer Organspender

Pälzer Imodschiies
BOISELLE 1000
Hi Hi Hi
HO HO
ZZZZZ
chrrrr...
HAR HAR
?!

Er atmet noch ...
BOISELLE
449

Ey, Alter, gibts hier auch Sex, Drugs & Rock´n´Roll?
Bahnhof
Zentrum

Bei uns heeßt des Woifeschd.
BOISELLE 984
Bahnhof
Zentrum

Isch krigg des Schorle-Filee!
Heute: Fisch
Karte
BOISELLE 1029

Oobaa, was issn „Slow-Food"?
Des is, wonn sisch e Restorand kää Mikrowell leischde konn.
BOISELLE 1092

Es gebbd Reddisch, ...
... Meerreddisch ...
... unn monschmol reddisch umsunschd!
BOISELLE 1089

Medium?
2XL
3XL
EAU
BOISELLE
1472

Mein Mann ist so deprimiert.
Moiner is aa än Depp, awwer nedd prämierd.
BOISELLE 7 9 7

Des Benzin werd immer deirer. Die Banke bresche zamme. Die Rende werd a nedd mehr. Was soll jetzd noch kumme?
Morje ään digge Kopp?

Pfälzer
Speed - Dating
Unn?
Alla hopp!
Joo ...
BOISELLE
219 N

Froog misch mool, wie mers geht.
Unn, wie geht ders dann?
Aaach, froog nedd!
BOISELLE 789

Isch konn`s nimmi heere mit dere Kries. Wo mer hieherd, nur Kries, Kries, Kries ...! Mol was anneres: Was gibds `n heit zu esse?
Gries-brei.
BOISELLE 245 N

P.I.P.
Pälzer in PARIS ...
Fleeeschkeeees!!
klick
BOISELLE
1241
Woi
I ♡ Palz

Ihr Steak – medium?
XXXL!
BOISELLE 1201

Wir sind die Trumps, Trumps, Trumps vun de Palz
BOISELLE 882

"US-Präsident mit Pfälzer Urahn".
B-A-B-B-S-A-C-K
Bassd nedd!
O-W-W-E-R-B-A-B-B-S-A-C-K
BOIJELLE 904

Und nun die
Kurznachrichten für die Pfalz:
Es bleibt alles bleed!
BOISELLE
1087

Aaaaah!
PLUMPS!
Schorsch, hoschd ebbes gebroche?
STOLPER

Noch nedd ...
awwer ... glei ...
BOISELLE
1017

Pälzer SM-Studio
Trollinger! Schbätzle! Kehrwoch! Sauschwoob!
Jo! Jo! Jo! Geb's mir!
BOISELLE 511

Du wollschd doch mehr Schbaß im Bett.
Pälzer Witze
BOISELLE 731

Luschd?
Jo!
Hoinz, hoschd Zeit?
BOISELLE
1207

Endlich!

Jetzt im Buchhandel:

Fasching is a nimmie, wasses mol war: Als "Indianer" derf mer nedd gehe, als "Cowboy" is mer en Unnerdrigger, unn als "Mohr" geht schunemol gar nedd!
Donn gehschd halt als Clown.
Donn rege sisch widder die Saarlänner uff.
Schdimmd.
BOISELLE 1333

Jo, jo, owens Dinner, morschens digger ...
ALL YOU CAN EAT
BOIJELLE 779

Isch krigg ään Saumaage!
Stimmt.
BOISELLE 680

20 Schorle ...
Pfälzerwaldhütte
BESTELLUNG
Jo
... 10 Pälzer Deller ...
Jo
... unn en Disch fer
5 Persone.
BOIJELLE
1731

Unn wie?
Äämool die Platt gebutzt.
BELLA
chic
BOISELLE 6.14

Soll ich´s in ä Diddl duu?
Nää, isch duus in moi Dudd dezu.
BOISELLE 364

Schloof guud!
Heer uff, mir immer zu saache, was isch mache soll!
BOISELLE 1047

Schorsch! wach uff!
Hmmm ...
Du hoschd doi Schlooftabledde vergesse!
BOISELLE 1101

ELWETRITTCHE
KREUZEN
BOISELLE 499

BOISELLE 342
Libertad
para los
Elwedrittschos

Bei moim Froind soiner Familje werd immer vorm Esse gebeed.
Des misse mer nedd – die Oomaa konn koche!
BOISELLE 1540

Was willst du mir beichten, mein Sohn?
A des froogd graad de Rischdisch!
BOISELLE 1487

MEIN BAUCH GEHÖRT MIR!
ORIGINAL SAUMAGEN seit 1887
BOIJELLE 130

Gugg der mool die Verwiischdung aa. Des muss jo ää riesischiie Rodd vun Wildsai soi ...
Die Schbur is frisch. Die krigge mer!
BOISELLE 479

MATSCH
STAMPF
BRABBL
STAMPF
STAMPF

?!?!?
Only
Riesling
BOISELLE
1375

Schorsch, jetzt akzebdier des hald mol:
Vroom Vroom!
Des is ...
Vrooom, Brumm, Brumm!
... e Elekdroo-Audoo!
Brummel, Brummel!!
BOISELLE 1078

Wollen ehr mool en Pälzer Witz heere?
Aah joo!
De FCK steigt uff!
BOISELLE

FKK-
NEDD
FCK!!!
Nedd?
FKK
BOISELLE
1371

Was deedschdn mache, wonn isch nimmie doo wär?
Umschalde.
BOISELLE 1234

Wenn die Inflation durchschlägt ...
90
100%
PÄLZER!
BOISELLE
1529

Wir empfehlen: Mußbacher Eselshaut, Forster Schnepfenflug, Gimmeldinger Meerspinne oder ein Wachenheimer Fuchsmantel ...
Nein danke, wir sind **Vegetarier!**
BOISELLE 158

TOFU-
SAUMAAGE
??!
Aus
eischener
Schlachdung!
PROBIEREN SIE!
BOISELLE
374

Vorname?
Schorsch
Nachname?
Kleintrauber
Nationalität?
Pälzer!
BOISELLE
1284

Isch war's nedd! Moi Ehreword!
Will de Tobias mol Schauschbieler werre?
Bolidigger!
BOISELLE 1166

UFFBASSE!
Die Weinfest-Saison beginnt ...
NEIN!
JA!
BOISELLE
954

Kennschd de Jo-Jo-Effekt?
Hä?
Männer, noch än Schobbe?
JO!
JO!
BOISELLE 867

Manche Probleme muss man ganz nüchtern betrachten.
... ugern.
BOISELLE 10.11

Warumme is de Mond kän Pälzer?
Hä?
Der is schun nooch vier Verdel voll!
HO HO HO
BOISELLE 1018

Ich hätte gern eine Flasche Wasser, bitte.
Unn derf's ach was zum **Trinke** sei?
SELBSTBEDIE UNG
ÄLZER
ALD
ITTE
Pälz
Dell
Zwiw
Kuch
unn
neie
Woi
Kersch
Plotzer
BOISELLE
430

Die Zuuchveschel kehre zurigg, die Mandelbliede traue sisch raus, de Friehling kummd ...
Schorsch ...?!
Des Leewe in de Palz konn so schää soi!
Bischd du´s?
Erna, `s gebbd Aagebligge, do falle mer kää dumme Sprisch oi ...
Ach, Schorsch
BOISELLE 1332

130
BOISELLE
1095

Isch glaab, beim Tanke sinn graad die letzschde Kröte druffgegange!
Oje ...
Rettet die Kröten!
SPENDET JETZT!!!
BOISELLE 1335

BOISELLE 736

Eine Woche später ...

KRACK
KNACK
BOISELLE
743

Ei wo?
Ei do!
Ei jo!
BOISELLE 637

Isch schreib Ihne am beschde ä Iwwerweisung zum Hals-Hase-Ohre-Doggder.
BOISELLE
1614

Ein Kilo ... ääh ... Mohr... äh ... Rüben.
Zwee Pund Gelleriewe? Kummen sofort!
BOISELLE 1098
BIO

De Patient mit dem verdorwene Saumaage ...
BOISELLE 1048

Und wie ist der Bienen-stich?
Duud weh!
BOISELLE 1621

Das ist der Stefan, mein neuer Freund. Er kommt aus dem Saarland.
Ha! Ha! April, April!
Nedd ...?!
BOISELLE 956

Isch muss dir ebbes gschdehe ... Isch bin fremd-gonge!
HaHaHa! APRIL, APRIL!!!
1. APRIL
Nää, Januar bis März ...
BOISELLE

Wolln Se ä Tabledd?
Seh isch aus, als hätt isch Koppweh?!
ESSEN & TRINKEN SELBSTBEDIENUNG
HEUTE:
WORSCHD-SUPP
BROOD-WORSCHD
SAUMAAGE
DOODEZU: GEBREEDELDE & BROOD
BOISELLE 310

Ober! Der Woi is gekippt!
BOISELLE 446

Spargel
Mer hänn graad Schbarschl-Bruch im Ogebood.
Nää, donke. Doo muss isch immer an die Ärwedd denke ...
Spargel
?!
Bin Ufall-Schirurg.
BOISELLE 1406

Dunnerkeidel, Schorsch, wie oft soll isch dir des noch saache:
BOISELLE 1031
Mer konn die Schbarschel aach schneide vorm Esse!
Effd?

Isch geb „Dergem" oi, awwer des finder nedd ...
Ah, du Quellwasser-kopp, doo muschd nadier-lisch „**BAD** Dergem" drigge!
BOIJELLE 421

Alkohol-Kontroll! Saage Se drei Mool hinnernonner: **"Hettenleidelheim"** ...
Hettenheidelleim ... Hettelldellem ... Hetteldeddl ... ääh ...
STOP
BOISELLE 362

Herr Vollmer, Sie müssen ab sofort moderat trinken.
Den kenn isch noch gar nedd, Herr Doggder!
BOISELLE 578

Was trinken Sie denn, wenn Sie mal Durst haben?
So weit losse mers gar nedd kumme, gell?
HO HO
HO
BOISELLE 920

Schorsch, konnschd mer mol verroode, warumme du die Sache stännisch uffm Disch rumschiewe duuschd?
Weesche dem Doggder!
Er määnt, isch soll moi Ernährung umschdelle! Kää Ahnung, was des bringe soll.
BOISELLE 1248

Fräulein Kleintrauber, sind Sie schon ausgezogen?
Nää, isch wohn noch bei de Eltre.
BOISELLE
1091

Konnschd danse?
Äh, ja.
Konstanze! Woher kennt dieser Kerl deinen Namen?
BOISELLE 353

Doo stehd, Pälzisch is die unerodischd Sprooch vunn Deitschlond.
Jo alla, unn isch han schunn gedenkt, 's leit an uns ...
BOISELLE 381

Kään Behinnerde-Ausweis? Sie kumme aus Schduddgard ...? Alla hopp - des wolle mer mol gelde losse.
BOISELLE 1265

Gebbd´s
norre in de
PALZ:
BOISELLE
1438
De MARDER-Pfahl

Wie werdn des Wedder heit? Korze odder longe Unnerhosse?
Korze longe!
BOIJELLE 896

Unn, wie laafdn doi neies Audo?
Des laafd nedd, des fahrd!
Jo alla. Wie fahrdn doi neies Audo?
´s geehd.
BOISELLE 832

Sie wollen jetzad, dass die Städt Drinkbrunne uffstelle misse.
Mit Wasser!
BOISELLE 1485

Wer werd's Wisse Wolle?
Die Pälzer Rate-Show
Was verschluckt ein Pfälzer am meisten in seinem Leben?
A: Weck
B: Worscht
C: Woi
D: Wokale
BOISELLE 1418

Du, Erna, isch deed saache,
mer fiehren ä sümbiodischie Ehe.
Eschd?
Ah joo -
du kochschd gern ...
... unn isch ess gern!
BOISELLE 9.11

Schorsch, du bischd eschd verfresse. Was solln die Leit vun der denke?!
Kää Probläm, isch saach immer, des is fer moi Fraa ...
BUFFET
BOISELLE 894

Isch bin de HYPER-ZWERSCH! De Pälzer Subberheld!
Unn isch de IWWER-ZWERSCH! Soin Assisdent.
BOISELLE 1416

Aaah, der schöne Pfälzerwald!
Jaaa, die gute Pfälzer Luft!
BOISELLE 1380
Uiii, die großartigen Pfälzer Burgen!
Äääh – die eklige Pfälzer Hundekacke!!

Ich glaub,
ich steh im
Pfälzerwald!
Dohie
Dorthie
RUNDRUM
Do nuff unn donn widder nunner
De näxschde Weg reschds niwwer
ALLA HOPP!
Niemie weit
Erschd-mol hie-hocke
BOISELLE 334 N

Mer konn jo nimmie in de Pälzerwald vor lauter Wildschwoine, gell.
Eschd?
War ebbes?
Die Renaade hodd gemäänt, sie hätt disch im Wald gsehe ...
BOISELLE 1062

Mein Junge,
wie heisst denn
dieser Berg?
Weller ...?
Das ist der
Weller!
BOISELLE
450

Isch glaab, isch bin moiner Zeit voraus …
Bischd jetzad schun bsoffe?
BOISELLE 1539

Kennet Se uns den Reschd einbagga?
Schwoobe ...!
BOISELLE 910

Mer kenne alles - außer Schwäbisch!
BOIJELLE

Jeder muss ebbes glaawe! ...
Isch glaab, ...
... isch drink noch eener!
BOISELLE
1475

Oobaa! Was issn "kulturelle Aneignung"?
Des is, wonn isch Lyoner mit Maggi beschdelle deed.
BOISELLE 1476

Nein, mein lieber Bräutigam, ein „Jo, alla!" reicht nicht!
BOISELLE

Vor Johre hab isch der Erna de Hof gemachd ...
Heit kehr isch ihr die Gass!
BOISELLE 960

... tauschen Sie nun die Ringe.
All??
BOISELLE 1638

Isch hab´s mer nedd rausgsuchd, PÄLZER zu soi ...
... isch habb äfach brudal Gligg ghabbd !!!
BOISELLE 1429

Schoppe fer umme
Schoppe fer umme
schoppe fer umme
schoppe fer umme
BOISELLE
528
Pfälzer
Alarmanlage

Was rufen Sie, wenn Sie etwas getrunken haben und nach Hause wollen?
Ein Taxi!
Meinen Freund.
FAHRSCHUL
Sehr gut. Und der Herr?
FAHRSCHUL
Ääner geht noch! Ääner geht noch noi !!!
FAHRSCHULE
BOISELLE 754

Wolln Se Weck?
Nein, wieso? Ich bin doch gerade erst zugezogen!
3 Brötchen für 2
I ♥ HH
BOISELLE 581

Als Tagesangebot haben wir heute eine super Quiche.
Ä Kisch hämmer schunn. Mer wolle norre was esse.
BOISELLE 669

Kinder, das geht ja gar nicht!
Leerer sinn dabbisch!
Jetzt!
leerer*innen sinn dabbisch!
BOISELLE 1631

Pälzer
Homeschooling
Hiehogge!
SECHS!
BOISELLE
1118

Unn, wie laaft´s in de Schuul?
Noch Relegations-platz.
BOISELLE 517

Schunn widder Schuul ... Mamme, isch will doo nimmie hie!
Hodd disch jo kääner gezwunge, Lehrer zu werre!
BOISELLE 780

De Dogder määnd, du hoschd Wasser in doi Bää ...
Nedd meeglisch, isch drink doch norre Woi!
BOISELLE 456

Mer muss zwää Lidder am Daag drinke.
Sauf nedd so viiel !!!
Sie misse meener drinke!
BOISELLE 513

Isch hab en Abschlepp-dienschd.
Isch aaa ...
BOISELLE 1659

Isch bin mied ...
Isch bin Mieder!
Mieten steigen
BOISELLE 1232

BIKER-TREFF
ZUM RASENDEN PÄLZER
Holla! Sogar in den Gläsern haben die hier Schlaglöcher!
Ver-rückt!
BOISELLE 391

Liewe Woifeschd-Besucher: Owacht! Zwische Broodworschd-Stand unn Schobbe-Zeld kummen Eisch ...
... zwää FALSCH-DRINKER entgesche ...
WOI
BOISELLE 759

Die Hälft vun de Pälzer sinn Dummbabbler, Suffkepp unn Dollbohrer!
Unn die anner Hälft?
Fraue!
BOISELLE 440

Unn, wuu drobbst de Hahne?
Erna, mit wem reddschdn du alles iwwer misch?
BOISELLE

Seit de Erwin schleschder heerd, verschdeh mer uns besser ...
BOISELLE 1181

P(f)älzer Uhrzeit

Coffee to go?
Ah so?
Fer do!
Ah jo!
Coffee Paradise
BOISELLE 878

Wo geht´s bei ALDI?
Des heeßt: zu ALDI.
ALDI zu!!!
BOISELLE 8/19

Du hoschd jo norre Vaguum do drin!
Besser als gar nix im Kopp, wie du!
BOISELLE
1161

Es war emol ... do hodd´s e Zeid gewwe ohne Indernedd, ohne Smardfoon, ohne Ammazoon ...
Oomaa!
De Oobaa erzählt widder Grusel-märsche!
BOISELLE 17.11

37,5 liter:2=
Wie ääfach - des sinn 37,5 Schoppe!
BOISELLE 413

Zwää Riesling-Schorle, bitte.
Krigg isch aa!
WEIN
BOISELLE 474

Nein, Herr Kleintrauber, Sie können den Freund Ihrer Tochter nicht als außergewöhnliche Belastung absetzen!
Aach wonner en Saarlänner is ...?
Finanzamt
BOISELLE 1106

Isch interessier misch fer en Job im digidaale Bereisch.
Dann schauen wir doch mal, was sich alles findet in unserem Karteikasten ...
A-B
BOISELLE 1632

En Schobbe Riesling-schorle!
Draußen nur Kännchen.
BOISELLE 540

Isch krigg
eiern Diät-Deller –
dreimool!
BOISELLE
741

Wanndnedd gieschd, donn derrd er der!
BOISELLE 905

... aufgrund der anhaltenden Trockenheit nähert sich der Pegelstand der kritischen Marke ...
Joo, des Probläm kenn isch!...
RHEIN
BOISELLE
400

Schdeh nedd so dabbisch rum ...
... fill misch ab!
BOISELLE 1463

Isch hätt so gern en klääne Schorle mit dir ...
Palz Woi
Sprudel
BOISELLE 1034

ISCH APACHE!
DU PÄLZER DUMMBABBLER!
BOISELLE 17 37

Isch dääd gern emool allää in Urlaub fahre ...
Isch fahr mit!
BOISELLE 1056

What the he...
DEUTSCH ENG ENGL DEUTSCH
GUUD & BILLISCH:
SAUMAAGE
WORSCHDSALAT
FLEESCHKNEPP
BROODWORSCHD
BOISELLE 06 148

Excuse me, Sir, you know wie viel Fahrenheit?
Heit sinn schunn zwää dursch, awwer ääner kummd noch ...
Deutsche Bahn Neustadt a.d.Wstr.
N.Y
BOISELLE 492

Wer des lese duud, is een Dollbohrer! Grieß de Schorsch
BOISELLE 1547

Warumme fahrt en Pälzer in de Urlaub?
Dammidder weeß, dasses in de PALZ am schändschde is!
BOISELLE 1464

AAALLEES
DUMMBABBLEER!
ECHO
Selweeerd!
BOISELLE
1736
ECHO

Herr Bauer, der Summer ist defekt.
Hä?!
Der Summer ist am End!
Des määnt moi Fraa aach die gonz Zeit!
Awwer was issn jetzt mit dere Bimmel?
BOISELLE 758

Babbe, gibt´s auch was ohne Fleisch?
Worschd.
BOISELLE 906

Isch nehm die Tofu-Worschd unn die Flasch schdilles Wasser!
Schorsch, uffwache! Du hoschd än Albdraam!
BOISELLE
957

Was sind das für Beeren?
Des sinn Blaubeere!
Und warum sind die dann rot?
Ei, weil se noch griien sinn!...
BOISELLE 778

Isch trau misch gar nedd mehr uff die Schdrooß ...
Donn mach hald emol en Termin beim Friseer.
VIRUS
TOD + TEUFEL
BOISELLE 1084

Wonn warschdn du des letschde Mool beim Friseer?
Unn Sie?
BOISELLE 916

Wie wollen wir sie denn diesmal schneiden?
Ich hätte da ganz neue schicke Frisuren aus Paris und London ...
... oder die heißesten Trendy-Modelle direkt von den New Yorker Laufstegen ...
... oder einfach einen jugendlich-pfiffigen Schnitt ...
... oder ...
Jooo, mach mol halblong!
BOISELLE 12 78

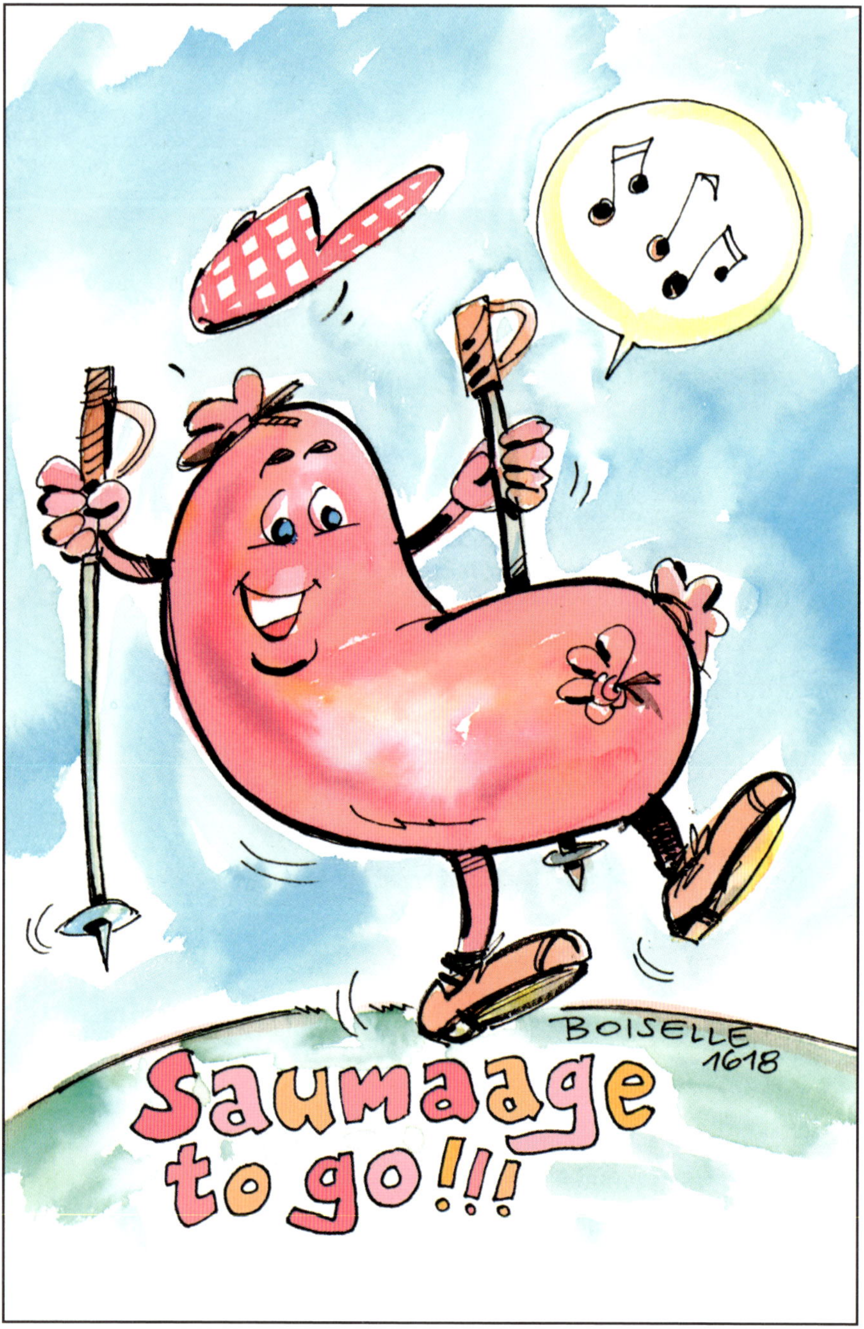
BOISELLE
1618
Saumaage
to go!!!

Dudnix !
Sinn Sie do sischer?
Grrr
Waff!!
Waff
Den Name hawwisch noch vum Vorbesitzer ...
Waff Waff
Waff Grrr
Waff
BOISELLE 1202

Was sagen Sie zu Feminismus in der Pfalz?
Weiwer-kraam!
BOISELLE 755

Oobaa, was wärschd du, wenn du kään Pälzer wärschd?
... Uugligglisch!
BOISELLE
959

Hoschd ebbes?
Nä, isch hab nix.
Du hoschd doch ebbes ...
Nä, isch hab werklisch nix.
Bischd hald e armi Sau!
BOISELLE 1263

Sie befinden sich an der Wiege der Demokratie ...
Unn wuu hänner eiern Wiggldisch?
wäääääh!!!
BOISELLE 623

Isch habb heit e schwierischie Besteigung vor mer ...
Gehd´s uff die Kalmit?
Uff die Woog!
BOISELLE 1407

Nehmen ihr de klää Kall mit uff die Klää Kalmit?
Kleine Kalmit
BOISELLE 917

WAHL ZUR WEINKÖNIGIN
NEUSTADT AN DER WEINSTRASSE
Zeh Euro! Odder isch stell's ins Inderned!
BLITZ!
BOISE 365

Sie iwwerleche, Schogg-Foddos uff Woi-Etikedde zu drugge ...
Unn?
KLICK
BOISELLE 888

Blick in die Zukunft ???
Hand-lesen?
Nää, mer hänn en Voll-ernter.
BOISELLE 1449

Isch seh ...
... gonz viiiiel ...
... Konserwedose!!
BOISELLE 17 13

Saure Gurken
Deutsche Herstellung
Beleidigdie Lewwerworschd
aus de Palz
BOISELLE 1720

Wie issn unser Password?
Habsvergesse!
Midd odder ohne Minus?
BOISELLE 859

Was gebbdsn heit zu esse?
Weesischnochnedd!
BOISELLE 744
Hoschd nix anneres?

Oobaa, was issn e **Paradox**?
Metzelsubb ... vegan!
FCK
SCHULE
BOISELLE 928

Ich habe jetzt die Hochschulreife!
Isch bleib bei moine Allwedderreife.
BOISELLE 877

Ich trinke keinen Alkohol mehr, ich esse kein Fleisch, ich verzichte auf Zucker - und ich treibe regelmäßig Sport.
Ferschderlisch! Dass die Leit alleweil mit ihre Probläme so hausiere gehe misse.
BOISELLE 1549

Na, Herr Pfarrer, gehen am Sonntag alle Leute in die Kirche?
Wann se all nei gehen, gehn se nedd all nei. Wann se awwer nedd all nei gehen, gehn se all nei.
BOISELLE 735

Herr Parre, isch muss austrede!
Auch du, mein Sohn ...?
BOISELLE 559

Weeschd du iwwerhaupt, wie schää des is uff so´re Meeres-Kreizfahrt?
Nää, isch weeß blooß, wie schlimm des is, wann mers ins Kreiz fahrt!
BOISELLE 929

Moi Bloos macht misch noch gonz heckewelsch!
Gell, mer konn sisch soi Verwandschaft nedd aus-suche ...
WC
BOISELLE 338

Uffm Mars hännse jetzad Wasser entdeckt.
Saach Bscheid, wonnse Woi finne.
WISSEN
SPORT
BOISELLE
1369

's Leewe
is wie e
Hewebiehn –
mol geht's nuff
und donn widder
nunner.
BOISELLE
1346

Geh du noi ...
ÄCKEREI
Wir verkaufen unser Brot nach Gewicht
BOISELLE 651

Das 1. Pfälzer
Diät-Koch-Buch
LOSSES!
LOSSES
LOSSES
LOSSES
LOSSES
19.90 €
BOISELLE
631
Nemmisch!

Beschdes Wedder, kään Schdress, viel Zeit fers Nixdue, guudes Esse unn Trinke ...
Nette Leit drumrum, kää Heggdigg vunn Wischdischduer: **Des is rischdisch Urlaub!**...
BOISELLE 489
Noch **ää** Word, unn mer bleiwen doo!
Eschd?
IBIZA
ROMA
Paris
NY

Drinke mer noch ääner?
Nää, isch muss noch uffraame - krigg Damebesuch.
Oooooooooh!
Die Butzfraa kummd!
BOISELLE 1734

IMBIS
Ään Weck ohne Worschd.
Weckedarier?
SENF
KETCHUP
BOISELLE

Wo finde ich Kerbel?
Brood-Kerbl, Hunde-Kerbl, Kerbl fer die Wäsch ...?
Ihr nette Kaufhaus
INFORMATIO
BOISELLE 777

Riesling - Schorle
Warnhinweis:
kann Spuren
von Wasser
enthalten!

De Schorsch hodd nooch moine Walking-Schdegge gfrood!
Will er wirklich Sport machen?

Was soll mer dodemid sunschd mache wolle?
BASSD!
BOISELLE 908

Simmer doo zum **Gugge** odder zum **Drinke?!**
BOISELLE 343

Warumme issn die Deer noch nedd lagierd?
Isch glaab, isch habb e Lackdose-Indolleranz.
BOISELLE 1339 A

PÄLZER YOGA
Z Z Z
Z
DE GUUDE DROBBE
BOISELLE 394 A

Isch will uff de WORSCHD-Markt! WORSCHD! WORSCHD! WORSCHD!
Was haben wir nur falsch gemacht?
EAT NO MEAT
100% Vegan
STOP Eating ANIMALS
BOISELLE 987

Sie wolle Plätz reserwiere mit Ihre Handdischer ...?
Ah joo!
Uffm Worschdmarkt?
BOISELLE 919

Wurstmarkt
5 Uhr morgens
ERWACHET
ZZZ
ZZZ
ZZZ
BOISELLE
214

ACHTUNG:
Wurstmarkt noch
bis:
is rum!!!
BOISELLE 1723

Ään kläänerSchritt fer de
Mensch, ään großer
fer uns Pälzer ...
Willkommen im Saarland
BOISELLE 708

ERNAAA! Isch habb moi Nawwi ogebrilld, es soll zur Hell fahre!...
Unn?
... Jetzad schdeh isch im Saarlond!
BOISELLE 11 94

Land of ZOMBIES
Saarlänner!
BOISELLE 1083
POP COR

SAARLÄNDER SAMMELT FÜR RÜCKFAHR-KARTE!
DANKE
10 €
BOISELLE 419

Pälzer misse nedd vun doo kumme. Die kenne aach mool aus Schbonje soi.
Odder aus Affganischdaan!
Odder aus Marroggo!
Aus Siirije!
STAMMTISCH
Odder ausm Saarland ...
STAMMTISCH
IM LEEWE NEDD!!!
BOISELLE 784

Kännense unser Dochder iwwerhaupt unnerhalde?
Reichen dreihunnerd Saarlänner-Witze?
BOISELLE 829

Isch bin ään PÄLZER, holen misch doo raus!!!
Saarbrücken
BONSELLE 383

Des Maggi-Mondschder

Versucht sich immer wieder in Pfälzer Gerichte einzuschmuggeln und wird zunehmend auch in hiesigen Küchen gesichtet.

Achtung – äußerst aggressives Verhalten: Es behauptet von sich vor allem, es würde Mahlzeiten geschmacklich verbessern.

Pfälzer Gaumen wissen: das sind FAKE NEWS!

Ich probiere mal einen Saumagen.
Isch glaab, des werd doch noch ebbes mid dem Saarlänner-Froind vun unserer Dochder ...
Bitte mit viel Maggi!
BOISELLE 1053

Saarlänner!

Vor e paar Johr hännse en Saarlänner ins All gschosse.
Awwer warumme norre eener?
BOISELLE 1220

Vorsicht
Weinschlag!
GOLDENE
TRAUBE
BONELLE
152

Ich hätte gern den - hihi - **Pälzer Saumaage** und - hoho - **Fleesch**... **Fleesch**... **Fleeschknepp** und dazu - hihi - **Gebreee**... **Gebreedel**... Wie spricht man das denn korrekt **Pfälzisch** aus?
Nummer 12!
BOISELLE 482

Mer brauche endlisch effegdiefe Waffe gege die Kerschessischflieg! Vorschlääch?
KEF
EXPERTEN-RUNDE
Wir müssen leider draußen bleiben!
BOISELLE
734

Unn, was is doin Lieblings-verein?
De Winzer-verein!
1 FCK
BOISELLE 951

Hai, Mädels!
Isch glaab, do will uns ääner ab-fille.
Nix wie weg!
5 Liter
Neie Woi
BOISELLE 1237

SMOG - ALARM
in der Pfalz:
Es gibt wieder
„Zwiwwlkuche & neie Woi".
BOISELLE
2013

Herr Ober, Ihr „Neier Woi" hat **Kork**!
Heute: Neier Woi unn Keschde
BOISELLE 1509

Des heerd sisch gonz nooch ääm Dischbuud zwische ääm Pälzer Deller unn ääm Zwiwwelkuche an ...
DIPLOM
BOISELLE 433

Sitze doo schunn Leit?
Wenn, donn ligge se unnerm Disch.
BOISELLE

Moin Tank is leer.
Moiner is voll.
BOISELLE 787

Wann die Sunn schoint im Herbschd,
kumme se widder in Schaare unn
schderze sisch uff unsern guude Woi ...
Die Woi-
Miggelscher?
WOI-
SCHDUBB
Die
Badenser!
BOISELLE
927

Heute
Neie Woi unn
Zwiwwlkuche
Norre
een
Kloo ...??
Oje ...
Des
gebbd en
Shit-
storm!!!
SANITÄR
PALACE
FRAUEN
MÄNNE
BOISELLE
17 19

Keeren ihr zamme?
BOISELLE 633

Hammas?
Jo ...

SCHLACK
KLICK
SCHLACK
KLICK
... oh!
KLICK
OLIZEI
SCHLACK
KLICK
BOISELLE
486

VROOOOOOOOOOO
Isch bloos bloß ...
BOISELLE 12 18

Schwars-
nedd!!!
BOISELLE 598

BIMM
BAMM
BIMM
BAM
BIM
Mer muss sisch heidzudaag schunn was eifalle losse, um die Kersch voll zu krigge.
HEUTE: BETEN FÜR DEN F.C.K.
BOIJELLE 189

Sammeln ihr aach Punkte?
TOP
1,99
FCK-
geht doch!
BOISELLE
523

... und dann
kam Fritz Walter,
nahm sich den Ball
und schoss
ins Tor ...
BOIJELLE

Schon mal über einen neuen Freund nachgedacht?
1. FCK
1. FCK
Zeidung
FCK!! 3. Liga!
BOISELLE 962

1. FCK
VIP-
Parkplatz
Reserviert:
Briegel
PETER
BOISELLI
1587

Wir kommen wegen einer Banden-Werbung.
1. FCK
BOISELLE 1604

Gugg dir die Kräähe an: Die mache sisch kää Gedanke wie mir.
Esse unn trinke – unn des war´s.
Jungs, weeß eener, wie de FCK gschbielt hodd?
Kää Ahnung, bin graad am Renowiere vum Haus.
Wie schää!
BOISELLE 12 25

Sechser weesche abschreiwe? Isch glaab, 's hackt! Isch will de Viddeo-Beweis!
6
FCK
BOISELLE
1613

DIPLOM
Trinken Sie?
Ei jo, Herr Dokder, wann Se ääner aus- gewwe ...
BOISELLE 464

Kään Saumaage, kää Worschd, kää Fleeschknepp unn kää Schobbe mehr, määnd moin Doggder.
Unn, was machschd jetzt?
De Doggder wexle.
BOISELLE 769

Irgendwonn werre mer all dursch die Schinese ersetzt.
Ah was, die vertraage doch gar nix.
BOISELLE 340

Heute ist dein Glückstag. Du hast einen Wunsch frei!
Eschd?
Mer gehd de Winder dermaaße uff die Erbs. Isch will doo hiee, wu die Sunn misch oolacht ...
OK.
Godd, nääää!
Badischer Wein
Von der Sonne verwöhnt
BOISELLE
515

Guten Tag, ich rufe aus Hamburg an und möchte einen Caravanstellplatz reservieren.
Pälzer Kämbing
NOV
Mir sinn voll!
Jaja, ich weiß – die Pfälzer ... Ich hätte dennoch gern einen Platz bestellt.
Pälzer Kämbing
NOV
BOISELLE 1222

Schorsch, nooch unsre Sternzeische basse mer iwwerhaupt nedd zomme ...!
Unn uff ään Schlaach glaab isch an Horoskope!
ASTRO
SPORT
BOISELLE 1722

Guten Tag, wir möchten hier dinieren.
Die Niere sinn all!
KÜCHE
JUGEND-SCHUTZ-GESETZ
BOISELLE 921

Pfälzer Hof
Lass uns wieder gehen: Hier fehlt es an Stil ...
Heute:
Uff dere Bank wär awwer noch Platz.
BOISELLE 941

Kriggisch en Guude-Nachd-Kuss?
Kriggisch! Kriggisch! Kriggisch! Is schun widder Woinachde?
BOISELLE 1421

Die suche DISCH!
Iwwerqualifizierd!
Wir stellen ein:
•Dummbabbler
•Besserwisser
•Ferzklopper
BOISELLE 1007

Oobaa,
gebd's eigendlisch
noch Drache?
Pfälzer Märchen
BOISELLE
796

Es wird keinen Frieden geben, wenn nicht alle Menschen lernen, einander zu verstehen.
Awwer wie krigge mer die all dezu, **Pälzisch** zu redde?
BOISELLE 230 N

Na doll, unn du hoschden dir deier ofresse misse!
Metzgerei
Heute im Angebot
Winter-Speck
BOISELLE 1063

Manchmool muss mer im Leewe ach mol „Nää“ saache.
Eschd?
Noch einen Glühwein, der Herr ...?
Nää!
Oha!
Isch nemm gleisch zwee!
Oje ...
BOISELLE 1057

Pelzerin?
BOISELLE
377

Stefan, isch schdrigg grad än Pullower fer de Schorsch. Kennschd du mol kumme fer zum Abrowiere?
BOISELLE 1150

Zwee Gläser Glieh-Woi!
Draußen nur Kännchen.
BOISELLE 1192

Der Gliehwoi hodd iwwerhaupt kään Rumms -
unn wie schmeggd doin ...
... Kinnerpunsch?
RUMMS
BOISELLE
933

Hey! Ach F.C.K-Fan?
FCK
BOISELLE 423

Isch such des Bischl „Schönes Saarland", wo mir doin Stefan letzschd Johr gschenkt hodd ...
Toll, dass du das jetzt endlich lesen willst!
Schönes SAARLAND
SAAR LAND
BOISELLE 1003

Pälzisch für Einsteiger: Woihnachde

Seit wonn brenne donn 6 Kerze zum 3. Advend?
Seit doim 4. Glieh-woi!
GLÜHWE
BOISELLE 7.12

Wenn wir Geschenke für unsere Lieben aussuchen, dann sollte nicht das Geld das Wichtigste sein, sondern ...
... de Zeddl fer zum Umdausche?
BOISELLE 799

Tschuldigung, bin zu tief über die **BASF** geflogen!
BOISELLE 227

Saach mol, du hoschd gonz schää zugenumme ...
Isch hab bloß moi Schbeckdrum erweiderd.
BOISELLE 871

Es ist FÜNF VOR ZWÖLF!
Eschd? Isch habb noch gar kään Abbedid ...
Bereut
BOISELLE 950

Ihr Leit, guggen eisch die näxschde Seite gern mol genauer aa: Des sinn allabeschde Unnerschditzer vum 100% PÄLZER!
BOISELLE 1739

©Kuntz Verlag 2017

Des Beschde vum FCK

„Zum Glück ist die Mannschaft nach dem Spiel besser ins Spiel gekommen." (Andreas Brehme)

„Ich grüße meine Mama, meinen Papa und ganz besonders meine Eltern." (Mario Basler)

„Ich bin ein Kind der Bundesliga. Das gibt sogar meine Mutter zu." (Otto Rehhagel)

„Wohin sollte ich denn wechseln? Ich bin doch schon beim FCK!" (Fritz Walter)

„Ich habe immer gesagt, mich interessiert nicht, wer spielt. Hauptsache, ich spiele." (Mario Basler)

„Wenn ich mal das Ergebnis weglasse, dann ist die Bilanz sehr positiv." (Erich Ribbeck)

„Das wird von den Medien hochsterilisiert." (Bruno Labbadia)

„Jede Seite hat zwei Medaillen." (Mario Basler)

„Keiner verliert ungern." (Michael Ballack)

„Erfolg tut nur der haben, der hart arbeiten tut." (Klaus Toppmöller)

„Das Positivste an dem Spiel war, dass ich hier viele alte Bekannte getroffen habe. Leider aber nicht den Ball." (Wolfram Wuttke)

Wer kann mir sagen, wo sich Kaiserslautern befindet?
Immer in moim Herze!
Die Pfalz
1.FCK
BOISELLE 1358

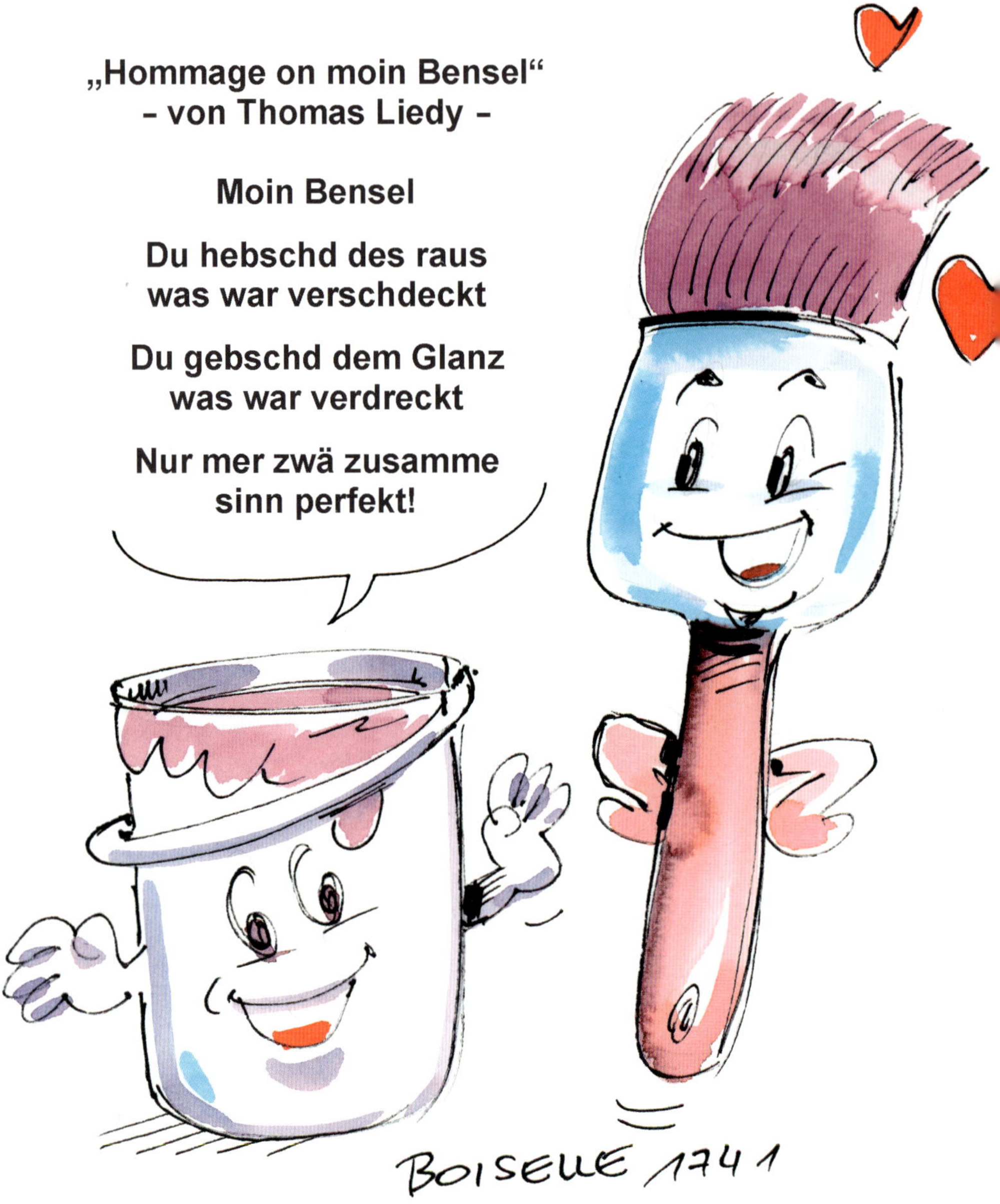
„Hommage on moin Bensel“
- von Thomas Liedy -
Moin Bensel
Du hebschd des raus
was war verschdeckt
Du gebschd dem Glanz
was war verdreckt
Nur mer zwä zusamme
sinn perfekt!
BOISELLE 1741

ALLA HOPP!!!
Wuff!
annweiler
BOISELLE

Schatz, das ist doch zu viel für dich.
Ich ruf jetzt die Fliegengitter-Profis an!
Bo

WOW! Eine echte „Wohlfühl-Immobilie"!
So süüüß!
Schubbi dubbi duu
BOISELLE

ImmoBender eG
Waldstr. 12
76879 Bornheim
0172-6008290
info@immobender.de
Kauf
Verkauf
Miete

Isch konn des dumm Gebabbel nimmie heere!
Mach hald lauder.
BOISELLE 923

Des Dusch-Klo hawwich mer annerschder vorgschdelld ....
BOISELLE
www.schaeuble-haustechnik.de

SELWERT
UNN
SCHDÄNNISCH

awwer nedd alläa: www.bds-nw-sw.de

Frage: Habe ich eine Haftpflicht-Versicherung?
ISELLE

Xund bleiwe!

**Jeden Daag än Abbl,
unn Du hoschd mitm
Doggder kään Trabbl.**

EDEKA
Stiegler
Frische aus der Pfalz
...und der ganzen Welt
FRISCHE
AUS DER
PFALZ!
8x
IN DER REGION
Bad Dürkheim
2x in Frankenthal
Haßloch
2x in Speyer
Dirmstein
Freinsheim
Folgen Sie uns auf
www.edeka-stiegler.de
BÄCKER BUWE
STIEGLER´S BACKSTUBB
Herausgeber: Stiegler Immobilien Verwaltungs GmbH & Co. KG, Am Rübsamenwühl 4, 67346 Speyer
Wir Lebensmittel.
EDEKA
Südwest

Unn ...
wie isses?
Mool
was
anneres
...
BOISELLE
481

BOISELLE
9/18